CB027070

PEQUENOS ARRANJOS DO COTIDIANO

Gerente/Publisher: Jeane dos Reis Passos (jpassos@sp.senac.br)
Coordenação Editorial: Márcia Cavalheiro Rodrigues de Almeida (mcavalhe@sp.senac.br)
Comercial: Marcelo Nogueira da Silva (marcelo.nsilva@sp.senac.br)
Administrativo: Luís Américo Tousi Botelho (luis.tbotelho@sp.senac.br)

Edição de Texto: Maísa Kawata
Preparação de Texto: Isabel Malzoni
Revisão de Texto: Heloisa Hernandez (coord.), Asa Assessoria e Comunicação
Projeto Gráfico: Mariana Bernd
Fotos: Gabriela Bernd (pp. 31 a 201)
Christian Gaul (pp. 4, 7, 8, 12, 14, 20, 26, 28, 66, 68, 102, 104, 134, 136, 202, 204 e 207)
Impressão e Acabamento: Vida & Consciência Gráfica Ltda.

Dados Internacionais de Catalogação na Publicação (CIP)
(Jeane dos Reis Passos – CRB 8ª/6189)

Lunardelli, Helena
Pequenos arranjos do cotidiano / Helena Lunardelli; apresentação Rita Lobo. – São Paulo: Editora Senac São Paulo, 2014.

ISBN 978-85-396-0764-8

1. Arranjos florais 2. Flores e plantas ornamentais I. Lobo, Rita. II. Título.

CDD-745.92
635.9
BISAC GAR000000
14-257s GAR006000

Índices para catálogo sistemático:
1. Arranjos florais 745.92
2. Flores e plantas ornamentais 635.9

Rua Rui Barbosa, 377 – 1º andar – Bela Vista – CEP 01326-010
Caixa Postal 1120 – CEP 01032-970 – São Paulo – SP
Tel.(11) 2187-4450 – Fax (11) 2187-4486
E-mail: editora@sp.senac.br
Home page: http://www.editorasenacsp.com.br

PEQUENOS ARRANJOS DO COTIDIANO

HELENA LUNARDELLI

EDITORA SENAC SÃO PAULO – SÃO PAULO – 2014

sumário

• • •

nota do editor

• • •

Não é preciso fazer uma grande reforma para mudar o clima de um ambiente. Com pequenos arranjos é possível melhorar um lugar, dar vida a um cômodo e alegrar uma pessoa. E quando juntamos flores e folhagens, cores e formas, criatividade e harmonia é possível alcançar tudo isso de uma maneira bastante simples.

Em **Pequenos arranjos do cotidiano**, Helena Lunardelli ilustra como uma simples garrafa ou um bloco de concreto pode contribuir (e muito!) para deixar um arranjo floral ainda mais belo, como é arrojado juntar bananeira-de-jardim e amaranto em tubos de ensaio e como pode ser divertido descobrir e fazer combinações inusitadas.

Com as ferramentas necessárias, as técnicas adequadas, a ousadia da imaginação e tendo respeito pelo que a natureza fornece, qualquer pessoa pode montar lindos arranjos florais. Com esta publicação, o Senac São Paulo incentiva o leitor a montar seus vasos e a fazer suas próprias combinações.

首相や最高裁長官ら両陛下に
新藤総務相が靖国参拝
福島編
ふるさと
AGORA

apresentação

por Rita Lobo

• • •

Este livro da Helena é praticamente um livro de receitas. Mas não de pratos salgados ou doces, entradas ou beliscos, drinques, nada disso. Os quitutes aqui não são culinários. Você vai aprender o modo de preparo detalhado de arranjos florais. Como numa receita culinária, Helena indica os ingredientes com medidas exatas: 3 flores de alcachofra, 16 gloriosas, 20 hastes de saudade – você conhece essa flor? Na sequência, vem o passo a passo fotográfico acompanhado de texto e, depois, o prato, ops!, o arranjo pronto. Tem fórmula melhor para aprender a criar vasos tão especiais quanto os da Helena? São quarenta arranjos com técnicas simples de montagem e composições elaboradas de flores. Em outras palavras: ela pensou em arranjos que a gente vai conseguir fazer em casa, com flores que a gente nunca iria imaginar combinar. E todos têm a marca registrada da Helena: conhecimento profundo, bom gosto apuradíssimo e criatividade ilimitada.

Acho que a Helena já nasceu com um senso estético elevado. Desde sempre ela é aquela garota cheia de charme, com alguma coisa diferente que a gente quer fazer igual. Nos conhecemos ainda meninotas, mas não ficamos amigas logo de cara. Talvez pela diferença de idade – ela é muito mais velha do que eu (que provocação barata! Temos a mesma idade: um ano de diferença não faz mais diferença). Foi depois, bem depois da adolescência, que viramos amigas-irmãs. Apesar de ela também ter nascido em São Paulo, passou boa parte da infância em uma fazenda no Mato Grosso do Sul. Fico imaginando como deve ter sido para a personalidade cosmopolita da Helena ter crescido pisando no barro e acordando com as galinhas – se bem que ela continua acordando às seis da manhã: o mercado das flores começa a funcionar antes do primeiro raio de sol. Mas foi nessa época da fazenda que ela ganhou um entendimento das plantas, hoje fundamental na sua interpretação da natureza. Helena só voltou para a cidade grande já moça e, enquanto ainda não sabia que seria florista, fez arquitetura na Faculdade de Belas Artes de São Paulo. Em vez de se dedicar à prancheta, foi trabalhar com moda na Itália, criou gosto por viajar, até que se descobriu entre vasos e flores.

Como nas suas criações, Helena conseguiu compor sua vida profissional de uma maneira elaborada, aproveitando um pouco de cada uma das suas competências. Ela trabalha como florista desde o ano 2000, mas também faz cenografia, decoração e direção de arte para televisão – ela deixou a minha casa tinindo para as gravações do meu programa de televisão! Muito antes disso, porém, ficou conhecida por ter sido uma das primeiras floristas a usar embalagens recicladas em lugar de vasos. Reciclar é um traço forte do trabalho da Helena.

Em 2010, criou o Instituto Flor Gentil, um projeto pioneiro no país, que capacita mão de obra por meio da reutilização das flores de festas e eventos. Os novos buquês são, então, distribuídos gratuitamente em casas de repouso e asilos ou usados em comemorações, como casamentos, atendendo a pedidos de pessoas que não podem pagar por eles.

Além de dirigir o Instituto, Helena mantém seu ateliê, de onde saem arranjos e decorações para as festas mais descoladas de São Paulo. Em 2010, ela lançou um guia de compras do Ceasa, *Cidade das Flores*. Agora (finalmente!), lança este livro de arranjos florais, ótimo para quem quer mudar os ares da casa, preparar com as próprias mãos um presente especial ou dar uma alegrada no ambiente do trabalho. **Pequenos arranjos do cotidiano** é também essencial para pessoas que trabalham com criatividade de uma maneira mais ampla e que buscam alargar seus horizontes. Através de suas composições – seja num vaso tradicional, seja num bule de chá, seja numa lata antiga de tinta –, Helena nos apresenta sua elaborada estética, que compõe sem preconceitos, que enxerga o luxo da simplicidade e que cria beleza com os elementos que estiverem à mão. (Não conta para ninguém, mas até arranjo com flor de plástico eu já a vi fazendo. E não é que ficou incrível?)

• • •

JAPANESE PRINTS
León Ferrari
Andrea Giunta (ed.)

introdução

• • •

Fazer arranjos, assim como outros trabalhos, tem técnicas, história e vertentes como fundamentos. Mas, como também é arte, para elaborar uma composição de plantas é preciso usar a intuição e não ter medo de criar (e muitas vezes, errar).

Mais do que uma lista de técnicas, considero este livro uma apresentação de composições. É na maneira de compor flores, folhagens e vaso – ou qualquer outro recipiente que você decida usar – que estará a essência do seu arranjo. Este livro não tem o objetivo de formar um profissional na área, mas sim estimular você a ter coragem para montar e ousar em seus próprios arranjos, seja para decorar sua casa ou seu trabalho, seja para presentear alguém ou "apenas" para que possa admirar uma obra feita por suas mãos. Você verá como é simples criar apenas prestando atenção na harmonia das plantas, e terá a oportunidade de perceber quão gratificante e prazeroso é ter flores à sua volta.

Costumo dizer que é uma dádiva montar um arranjo, pois quando escolhemos e combinamos elementos distintos da natureza – a flor de uma planta e a folhagem de outra – criamos ainda mais beleza. A natureza nos presenteia com uma flora de tamanha riqueza que poderíamos passar o resto da vida criando inúmeras composições com o que ela nos oferece.

Com **Pequenos arranjos do cotidiano**, você aprenderá técnicas básicas, mas, principalmente, encontrará composições de vasos e flores de diferentes estilos nas quais poderá se inspirar para criar suas próprias combinações.

Olhe à sua volta, não tenha medo de ousar e mãos à obra!

ALGUMAS DICAS SOBRE FLORES

A MELHOR ÉPOCA

Apesar de atualmente haver uma variedade de plantas disponível durante o ano todo, cada espécie possui uma estação preferida, em que as flores tendem a estar mais viçosas (e baratas) – por exemplo, as frésias na primavera, os copos-de-leite no verão e as tulipas no inverno. Prefira as flores da estação.

ESPUMA, USAR OU NÃO USAR?

Os arranjos feitos em recipientes com água costumam durar mais do que os montados nas espumas florais. Isso porque a espuma libera resíduos que "entopem" o caule da flor, e ela para de absorver água. No entanto, a espuma é muito útil para dar a forma desejada ao arranjo. Analise a sua necessidade.

ÁGUA

A água dos arranjos deve ser trocada a cada dois dias, ocasião em que você deve aproveitar para aparar um pedaço das hastes e lavar o vaso com esponja e detergente. Esses cuidados prolongam a vida das flores.

PARA EVITAR ALERGIAS

Algumas pessoas podem sofrer algum tipo de alergia ao manusear flores e folhagens. Isso acontece porque as plantas apresentam toxinas naturais – ou porque estão contaminadas com muito agrotóxico. Para evitar problemas, use luvas. Lembre-se de deixar as flores fora do alcance de crianças e de animais de estimação.

A ESCOLHA DO VASO

Há vasos de várias formas, tamanhos e cores. Diversos recipientes podem ser transformados em vaso: garrafa, caneca, bule, leiteira e muitos outros. Vasos *vintage*, aqueles herdados de família ou comprados em feiras de antiguidade, são muito charmosos. Peças de *design* e materiais de construção também podem ser usados.

CRIATIVIDADE

Contanto que comporte água ou caiba a espuma floral, praticamente qualquer recipiente pode ser usado na montagem de um arranjo. Esta escolha é parte importante – e divertida – de sua criação.

IMPERMEABILIDADE

O recipiente não precisa ser totalmente impermeável. Você pode proteger a espuma floral umedecida com um pedaço de plástico; dessa maneira, a espuma não molhará o recipiente e as possibilidades de composição aumentam.

ESTILO

Costumo comparar os vasos às pessoas: cada qual com um estilo, forma, cor e história completamente diferente do outro. As flores e folhagens são como roupas e acessórios: da mesma maneira, algumas flores simplesmente não combinam com determinados vasos, seja pelas proporções, seja pelo estilo.

LOCAL

Leve em consideração o local onde o arranjo será colocado. Se ele for pensado para um aparador ou para uma mesa lateral, pode ser alto. Já para um centro de mesa, é importante que seja baixo, a fim de não atrapalhar a visão das pessoas que estiveram ao redor dela.

MATERIAL PARA SE TER POR PERTO

MANTENHA SUAS FERRAMENTAS SECAS E LIMPAS APÓS O USO. ISSO PROLONGARÁ A VIDA ÚTIL DELAS.

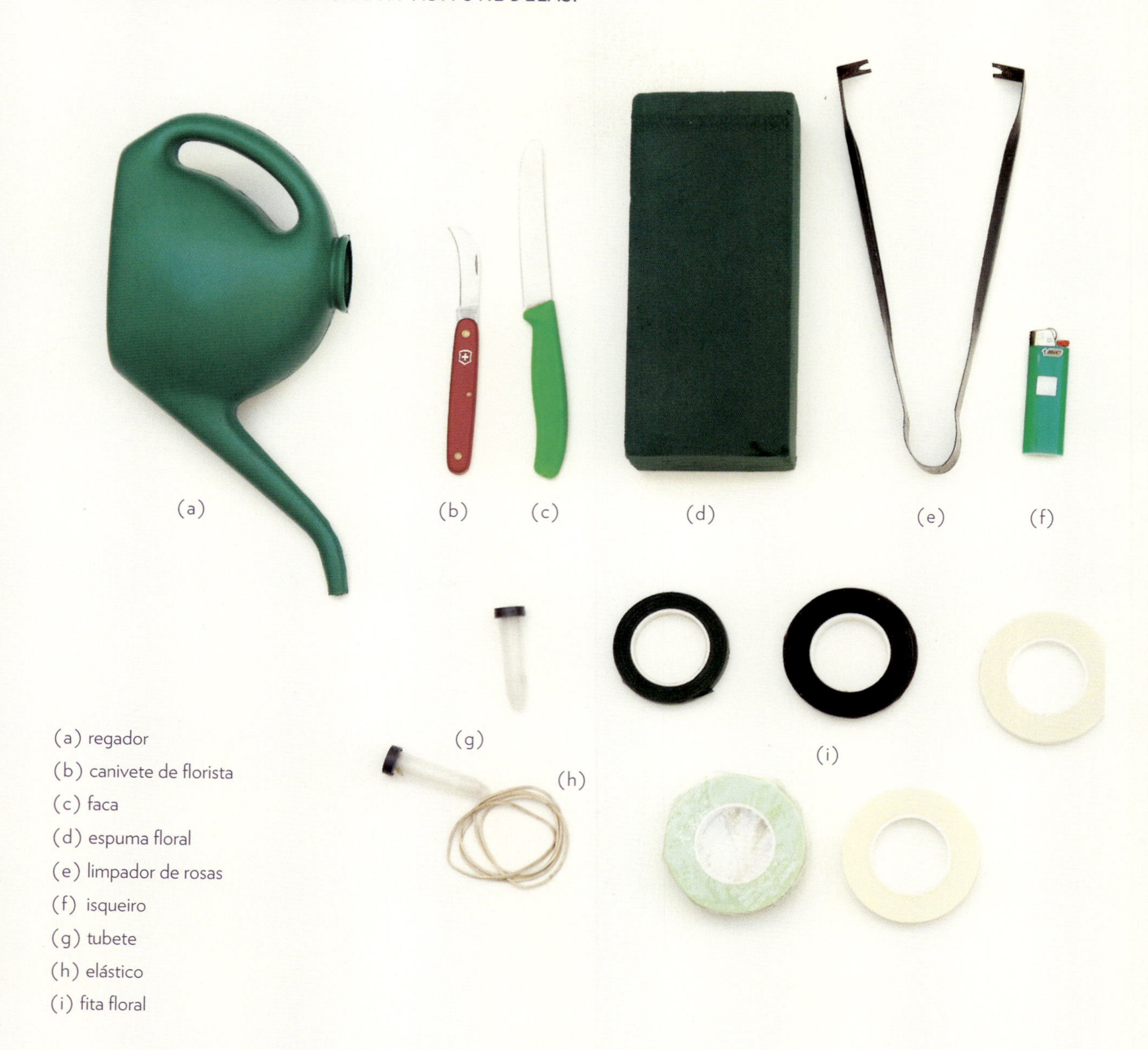

(a) regador
(b) canivete de florista
(c) faca
(d) espuma floral
(e) limpador de rosas
(f) isqueiro
(g) tubete
(h) elástico
(i) fita floral

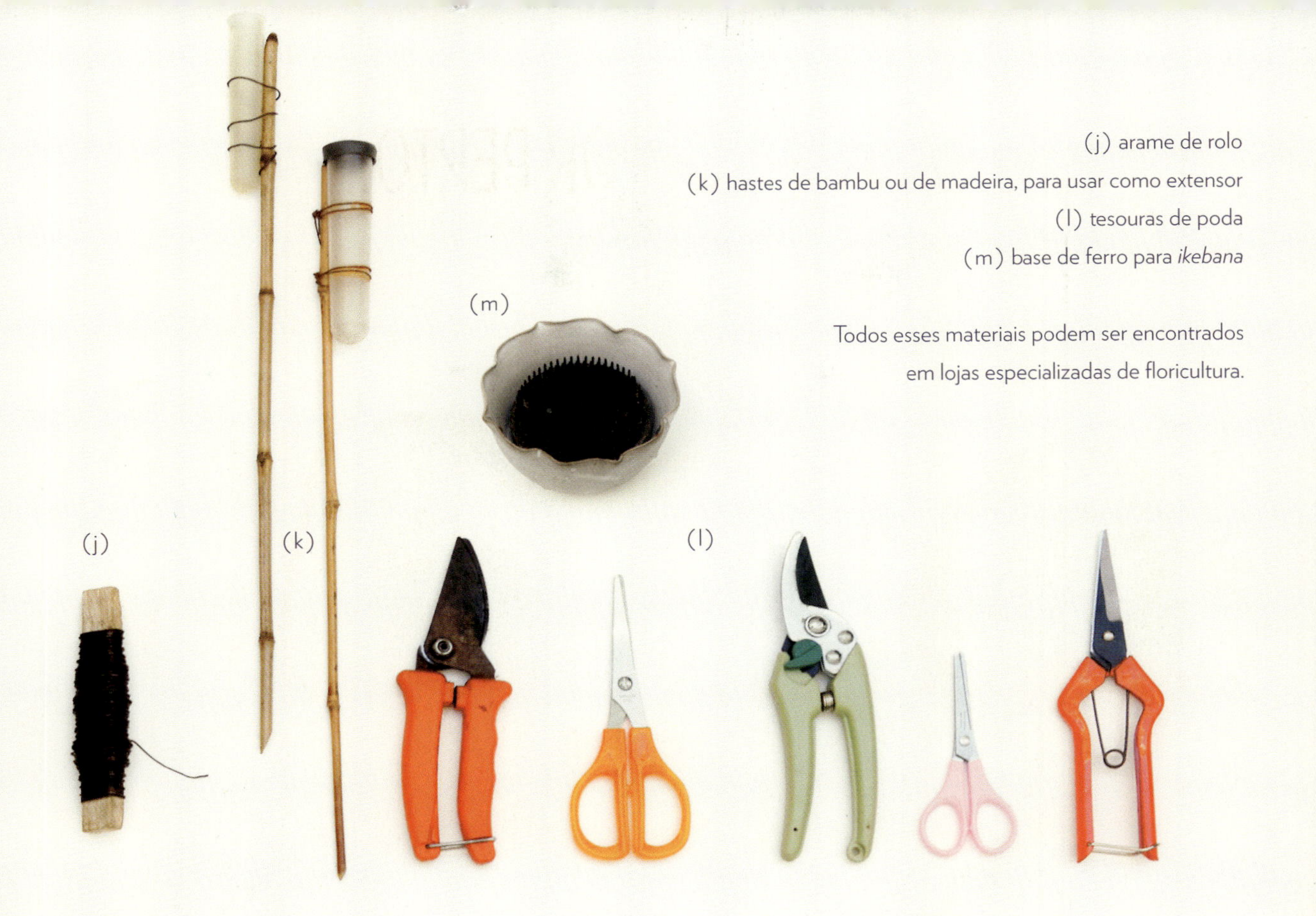

(j) arame de rolo
(k) hastes de bambu ou de madeira, para usar como extensor
(l) tesouras de poda
(m) base de ferro para *ikebana*

Todos esses materiais podem ser encontrados em lojas especializadas de floricultura.

TESOURAS | Há vários modelos de tesouras de poda disponíveis no mercado. A maneira de descobrir com qual você se adapta melhor é testá-las. Certifique-se apenas de escolher uma que seja capaz de cortar hastes de várias espessuras. Alguns modelos destinam-se apenas a hastes finas.

ESPUMA FLORAL | Material muito leve, serve para dar sustentação às hastes das flores no formato desejado. Antes de utilizar, é preciso hidratá-la. Coloque-a em um balde ou bacia com água e espere que absorva a água. Quando ela afundar, estará pronta para o uso. Corte-a com uma faca no formato desejado. Deve ser usada apenas uma vez.

BASE DE FERRO DE *IKEBANA* (*KENZAN*) | Há uma alternativa para arranjos de portes pequeno e médio: as bases de ferro de *ikebana*, que devem ser utilizadas submersas na água.

SS50

COMO PREPARAR FLORES E BASES

LIMPEZA DOS CAULES

Independentemente da técnica escolhida, lembre-se sempre de que toda haste deve ser limpa. Todo arranjo começa com a limpeza dos caules, para que o resultado seja visualmente mais organizado e duradouro – quanto mais folhas e flores em contato com a água, mais rápido as bactérias se proliferam. É preciso medir a altura do arranjo e remover folhas, flores e espinhos que estiverem na haste, da altura da boca do vaso para dentro (esse processo também deve ser feito quando você utilizar espuma). Existem três maneiras de limpar folhas e espinhos dos caules:

1. Com o limpador profissional. Esta ferramenta assemelha-se a uma pinça e costuma ser de ferro. Basta "fechar" a pinça em torno da haste, deixando apenas espaço suficiente para que esta passe pelo orifício; com o limpador, folhas e espinhos serão retirados de uma só vez. Ele é recomendado para a limpeza de rosas.

2. Com a tesoura, retirando um a um, folhas e espinhos. Caso utilize o canivete, proceda da mesma forma.

HASTES COM MAIS DE UMA RAMIFICAÇÃO DE FLOR OU DE FOLHAGEM

Em algumas espécies de flores, é possível encontrar duas ou três ramificações na mesma haste. No caso de folhagens, às vezes até mais. Isso pode atrapalhar na hora da montagem do arranjo, já que cada ramificação apresenta uma altura ou flores em estágios muito diferentes uma da outra (uma ainda em botão e outra aberta demais, por exemplo). Portanto, não hesite em cortar uma ou mais ramificações para ficar apenas com a flor que queira usar. Lembre-se apenas de cortar a ramificação bem na junção, dando um bom acabamento à haste da flor principal e ainda preservando a flor cortada.

FLORES OU FOLHAGENS COM CAULES LEITOSOS

Há espécies de flores e folhagens cujos caules, quando cortados, liberam um líquido leitoso e grudento (esta seiva pode até ter cor de sangue, como é o caso do *Philodendro rubro*).

Para evitar que esse líquido suje o vaso, a água e as outras flores, impedindo que estas absorvam água, você deve estancá-lo. Para isso, queime de leve a extremidade cortada com a ajuda de um isqueiro. Repita a operação, caso tenha que cortar o caule novamente.

PARA CORTAR O CAULE NA ALTURA CERTA

Não há uma maneira precisa para se determinar a altura de um arranjo. Há uma regra comum que pode ser usada, mas que não deve ser considerada uma verdade absoluta, segundo a qual a flor deve ser 50% ou 100% mais alta do que o vaso, mas isso vai variar de acordo com o tamanho do vaso e das flores. O que vale mesmo é olhar à distância e perceber se o vaso não parece grande ou pequeno demais para aquela flor.

Para medir a flor antes de cortar o caule, a maneira mais fácil é colocar o vaso na borda de uma superfície, aproximar a flor e medir a altura necessária da haste. Lembre-se de que é sempre melhor ser conservador na hora do corte, pois, uma vez cortado, não tem mais volta. Ou seja, na dúvida, melhor cortá-lo mais de uma vez para acertar o tamanho do que cortá-lo muito de uma vez só.

O corte, aliás, deve ser feito sempre na diagonal da haste para que haja uma maior área de absorção de água. Essa dica também é útil se você for inserir a flor em espuma floral.

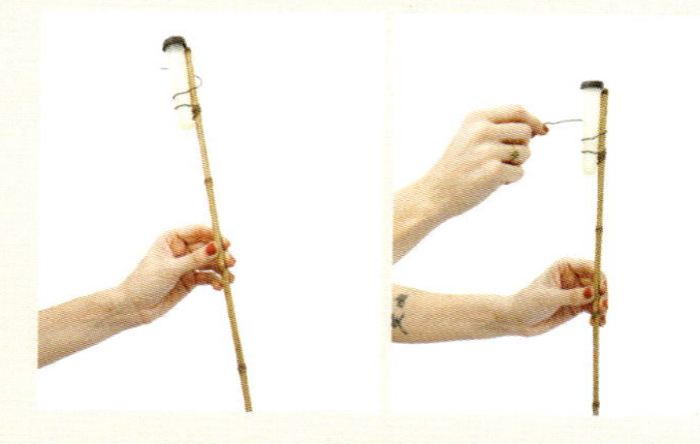

PARA ELEVAR FLORES COM HASTES CURTAS

Algumas espécies de flor têm caule curto, mas isso não significa que só possam ser usadas em arranjos baixos. Existe uma técnica bem simples para "prolongar" a haste das flores.

Pegue um tubete e amarre-o em um graveto, pode ser bambu ou até mesmo espeto de churrasco (é importante que seja de madeira ou outro material discreto, para não ficar muito visível e manter a harmonia da composição). O importante é que ele tenha a altura que você deseja. Coloque a flor no tubete já com água. Na hora de inseri-la no arranjo, "camufle" essa flor com extensor com as demais flores e folhagens.

ACABAMENTO EM BUQUÊS E AMARRAÇÕES

Para fixar tubetes e amarrar buquês ou flores para lapela, use arames ou elásticos. Eles asseguram que as composições permaneçam firmes. No entanto, eles não substituem o acabamento da fita floral, material que é encontrado em diversas cores, que é um pouco elástico e autocolante, e com o qual podemos ousar em algumas composições.

PREPARO DA ESPUMA FLORAL

Em uma bacia ou balde com água até a metade, coloque a espuma floral. No início, ela irá flutuar; espere que ela absorva a água e afunde. Neste momento, ela está pronta para uso. Não adianta querer afundá-la à força, pois dessa maneira ela ficará molhada por fora e seca por dentro. Tenha paciência e em 10 minutos terá uma espuma pronta para uso. Pegue o vaso que pretende usar e coloque a espuma sobre a boca do recipiente. Pressione levemente para que a forma da entrada marque a espuma. Com uma faca, corte os excessos e insira-a dentro do vaso.

O florescer das cores
A arte do período EDO
WARHOL
"GIANT" SIZE
COWBOY KATE & OTHER STORIES
Director's Cut
Sam Haskins

1.

GELADA

...

11 HASTES DE FOLHAGEM DE BEGÔNIA [a]
3 HASTES DE ORQUÍDEA DENPHALE ROXA [b]

(a)
(b)

1. GELADA

Pegue um pequeno balde de gelo. Pode ser de qualquer material, desde que seja opaco, o que dará um efeito de grande contraste com as flores.

Encha-o de água até a metade e coloque as folhagens de begônia de forma que fiquem distribuídas e apoiadas umas sobre as outras, sempre com a parte de cima da folha virada para fora do arranjo.

Repare que esta combinação resulta em um arranjo maravilhoso. Nos espaços que sobrarem na lateral do arranjo, acrescente as orquídeas.

2.

VITÓRIA

• • •

7 HASTES DE ALPÍNIA VERMELHA [a]
6 HASTES DE PRÓTEA-SAFÁRI [b]
2 HASTES DE SEMENTES DE CHEFLERA [c]

(c)
(a)
(b)

2. VITÓRIA

Escolha uma taça de metal, como de estanho ou de bronze. Coloque água até a metade. Retire as folhas das alpínias e corte o caule para que as flores fiquem logo acima da boca da taça. Distribua-as, deixando um espaço entre elas, que ficarão naturalmente inclinadas para fora da taça.

Pegue as hastes da prótea e limpe as folhas que, de outra maneira, ficariam dentro do vaso. Coloque-as nos espaços vazios entre as alpínias.

Para finalizar, coloque as hastes de sementes de cheflera em um dos cantos para dar luz e charme ao arranjo.

3.

BERNDITINAS

• • •

13 HASTES DE ABÉLIA [a]
13 HASTES DE CRAVO VINHO [b]
10 HASTES DE ROSA-SPRAY BRANCA [c]
6 HASTES DE MINIORQUÍDEA PHALAENOPSIS RAJADA [d]

(a)
(b)
(c)
(d)

3. BERNDITINAS

Coloque água até a metade do vaso. Insira as hastes de abélia. Por terem formas diversas, elas facilitam a composição do arranjo por já estabelecerem altura e diâmetro bem distribuídos.

Insira os cravos no centro.

Em seguida, posicione as rosas-spray, sendo que estas devem estar um pouco mais altas que os cravos. As orquídeas devem ser colocadas na frente do arranjo. "Alongue-as" com tubetes e gravetos.

4.

SAPATINHO DE GNOMO

• • •

2 MAÇOS (16 HASTES) DE ORQUÍDEA-SAPATINHO (PAPHIOPEDILUM) [a]
3 FLORES DE ALHO [b]

(b)
(a)

4. SAPATINHO DE GNOMO

Este arranjo fica um charme em pequenos potes de vidro, como os de perfume, os de bebidas e os de remédios antigos. Escolha os seus e coloque água neles até a metade, antes mesmo de colocar as flores, para que não virem facilmente.

Divida as orquídeas em três maços menores e deixe cada um com uma diferença de altura de dois dedos entre eles. Como a boca do vidro é pequena, coloque um maço por vez, para que você consiga uniformizar a altura das flores.

A altura das hastes das flores de alho deve equiparar-se à das orquídeas, uma delas sendo da altura da orquídea mais alta, e as outras das flores intermediárias. Use sempre a técnica de colocar o vaso no limite da mesa para medir antes de cortá-las.

5.

IMPERIALMENTE GLORIOSO

• • •

7 ROSAS IMPORTADAS [a]
8 ALFINETES ROXOS [b]
7 CRISÂNTEMOS-IMPERIAL [c]
7 CÚRCUMAS [d]
7 GLORIOSAS [e]
12 ANGÉLICAS TINGIDAS DE AMARELO [f]
12 SEMENTES DE LIGUSTRO [g]

(a)
(c)
(e)
(c)
(g)
(d)
(f)
(b)

5. IMPERIALMENTE GLORIOSO

Com a espuma floral sobre o prato, distribua as rosas. Elas devem definir a altura e o diâmetro do arranjo.

Espete os alfinetes roxos entre as rosas, um pouco mais baixas.

Em seguida, coloque os crisântemos e as cúrcumas, sempre tomando o cuidado de distribuir as flores de forma balanceada. Por último, arrume as gloriosas, as angélicas (que podem estar um pouquinho mais altas que as demais flores) e as sementes de ligustro, preenchendo, assim, todos os espaços vazios do arranjo.

6.

EXPERIMENTO TROPICAL

• • •

2 HASTES COM CACHO DE BANANEIRA-DE-JARDIM ROSA [a]
4 HASTES DE AMARANTO ROSA [b]

(a)
(b)

6. EXPERIMENTO TROPICAL

Coloque água nos tubos de ensaio, que devem ser de tamanhos variados.

Tire as folhas das hastes de amaranto e a casca dos talos da bananeira. Coloque o amaranto no vaso maior e as hastes de bananeira nos demais.

GG-17
2000ml

7.

BALEIRO DE BROMÉLIAS

• • •

1 MAÇO (10 HASTES) DE CINERÁRIA [a]
3 BROMÉLIAS DE CORTE [b]

(b)
(a)

7. BALEIRO DE BROMÉLIAS

Coloque água até a metade do recipiente – neste caso, no baleiro. Limpe e corte as hastes das cinerárias, que devem ser posicionadas em "x", com cada haste apontando para a direção oposta à da haste colocada anteriormente.

Acrescente uma cinerária por vez até que o vaso fique cheio.

Escolha um lado do arranjo e coloque as bromélias formando um triângulo, como se fossem um broche.

8.

SAFÁRI

• • •

5 HASTES DE PRÓTEA-SAFÁRI [a]
3 HASTES DE ANTÚRIO VINHO [b]
5 HASTES DE ANTÚRIO CHOCOLATE [c]
3 HASTES DE CÚRCUMA [d]

(c)
(a)
(b)
(d)

8. SAFÁRI

Posicione as hastes de prótea em "x", cada uma voltada para uma direção.

Intercale os antúrios com as próteas, lembrando que a flor deve sempre estar virada para fora.

Para finalizar, acrescente as cúrcumas, que devem ficar um pouco mais altas que as próteas.

9.

ROSÉ

• • •

2 MAÇOS (12 HASTES) DE AMARANTO VINHO [a]
2 MAÇOS (24 HASTES) DE ANTÚRIO LILÁS [b]

(b)
(a)

9. ROSÉ

Limpe as folhas das hastes do amaranto. Corte as hastes em alturas que possam ter um pouco de diferença entre uma e outra, e coloque no vaso com água.

Em seguida, corte as hastes e distribua os antúrios pelo vaso de forma que estejam sempre com a frente virada para fora e com alturas diferentes, para que um não fique na frente do outro.

10.

BELEZA CONCRETA

• • •

2 MAÇOS (6 HASTES) DE MAMONA VERMELHA [a]
6 HASTES DE ORQUÍDEA-VANDA [b]
2 MAÇOS (14 HASTES) DE FOTÍNIA MARROM [c]

(b)
(c)
(a)

10. BELEZA CONCRETA

Este arranjo precisa ser montado já em seu lugar definitivo, pois o bloco de concreto não tem fundo. Posicione quatro potes de vidro dentro do bloco e encha-os de água até a metade.

Coloque as mamonas nos potes das extremidades. Nos outros dois copos, arrume as fotínias.

Por último, "alongue" as orquídeas com a técnica dos tubetes (ver p. 24) e posicione-as onde achar melhor (elas não precisam ficar dentro dos potes com água porque já têm recipiente próprio).

11.

BORBOLETAS

...

1 MAÇO (12 HASTES) DE ALECRIM [a]
21 HASTES DE ZÍNIAS COLORIDAS [b]
11 HASTES DE ROSA-SPRAY LARANJA [c]

(b)
(c)
(a)

11. BORBOLETAS

Separe três peças de tamanhos e formatos diferentes, mas que combinem entre si. Aqui, escolhemos um copo marroquino, uma taça de vinho e um vaso de vidro em formato de taça. Encha os três recipientes de água até a metade. No vaso mais alto, coloque o maço de alecrim, depois de previamente limpar a parte das hastes que ficará dentro da água.

Separe as zínias em dois buquês menores e posicione-os em "x" na taça intermediária. Colocar as flores com as hastes apontando para direções opostas ajuda a dar melhor caimento e sustentação ao arranjo.

Repita a operação com as rosas, agora no recipiente menor.

12.

CHÁ ORIENTAL

• • •

19 HASTES DE CRAVINA AMARELA COM BORDA ROXA [a]
1 MAÇO (6 HASTES) DE ORNITÓGALO [b]

(a)
(b)

12. CHÁ ORIENTAL

Remova as folhas das hastes das cravinas e coloque-as em "x" na lata, que já está com água até a metade. A primeira metade das flores deve ser colocada de modo que elas fiquem apoiadas na borda da lata.

Depois, corte algumas cravinas um pouco mais altas e acrescente-as ao centro do arranjo.

Por fim, divida as hastes de ornitógalo em dois grupos menores e coloque-os nas laterais do arranjo.

13.

NADO SINCRONIZADO

• • •

8 HASTES DE BROMÉLIA VERMELHA [a]
3 HASTES DE BROMÉLIA VERMELHA E AMARELA [b]
1 BROMÉLIA RÚSTICA [c]

(b)
(a)
(c)

13. NADO SINCRONIZADO

Coloque água até um pouco mais da metade do vaso. Insira dois pares de bromélias, formando um "x" com as hastes de cada dupla.

Dessa forma, você terá uma "base" para inserir as demais bromélias, para que fiquem na altura e no ângulo que você desejar.

Coloque uma a uma, sempre cuidando para que o desenho dos caules seja harmônico, uma vez que o vaso é transparente.

14.

ANGÉLICAS VAIDOSAS

• • •

1 HASTE DE PRÓTEA [a]
15 HASTES DE ANGÉLICA TINGIDAS DE LARANJA [b]

(b)
(a)

14. ANGÉLICAS VAIDOSAS

Coloque água na caneca e posicione a prótea para que a flor fique apoiada na borda.

Faça três minibuquês com as angélicas e prenda-os com a fita floral (se não tiver, use elástico ou fita).

Posicione os minibuquês de angélica na caneca.

15.

MACACO SORRISO

• • •

1 1/2 MAÇO (36 HASTES) DE JATROFA

15. MACACO SORRISO

Use um bule bonito, que pode ser moderno, *vintage*, divertido ou mais sofisticado, abasteça-o com água até a metade e prepare as flores. As hastes de jatrofa devem ser divididas em três maços menores.

Insira um pequeno maço de cada vez, de forma que você consiga ter um círculo uniforme no diâmetro do bule.

Termine o arranjo ajeitando a altura das flores, já que as jatrofas que estiverem no centro devem estar altas demais.

16.

PALMAS CALADAS

• • •

1 MAÇO (10 HASTES) DE CÚRCUMA ROXA [a]
3 MAÇOS (13 HASTES) DE CALLAS ROXAS [b]
1 MAÇO (7 HASTES) DE PALMAS-DE-SANTA-RITA [c]

(c)
(b)
(a)

16. PALMAS CALADAS

Coloque água até
a metade do vaso e
posicione as callas de forma
espaçada.

Intercale as cúrcumas e finalize
com as palmas-de-santa-rita,
que devem ficar mais altas que
as demais flores.

17.

PEIXE DE JARDIM

• • •

3 CACHOS DE COQUINHO [a]

2 MAÇOS (10 HASTES) DE PROTEA LEUCOSPERMUM AVERMELHADA [b]

(a)
(b)

17. PEIXE DE JARDIM

Escolha um vaso que tenha uma forma inusitada! Eles rendem arranjos marcantes. Prefira os que não tenham boca larga, porque estes dificultarão a composição. No caso deste arranjo, encha o vaso de água (é importante que ele fique pesado para que não tombe por causa dos coquinhos). Corte as hastes dos cachos de coquinho de modo que encostem no fundo e que os cachos apoiem-se na boca do vaso.

Limpe as folhas das hastes das proteas leucospermum e corte-as em alturas diferentes, mas não deixe que ultrapassem os coquinhos. Coloque-as em um lado do arranjo, apenas.

Selby
your place

18.

SAUDADE

• • •

1 MAÇO (20 HASTES) DE SAUDADE (*SCABIOSA*) [a]
3 FLORES DE ALCACHOFRA [b]
2 MAÇOS (16 HASTES) DE GLORIOSA [c]

(a)
(c)
(b)

18. SAUDADE

Pegue uma sopeira que não seja muito baixa; encha-a de água até a metade. Limpe os caules das flores e folhagens. Coloque o maço de saudade.

Corte duas flores de alcachofra na altura do vaso. Disponha-as de modo que o caule fique apoiado no fundo do vaso, e a flor, na boca.

Deixe uma das flores de alcachofra na altura das saudades e posicione-a no centro do arranjo.

Acrescente os maços de gloriosa de forma que preencham e componham com os espaços vazios entre as alcachofras.

19.

TIA CAROLA

• • •

5 HASTES DE FOLHAGEM DE JASMIM [a]
7 HASTES DE DELFÍNIO ESPORINHA [b]
7 HASTES DE FOLHAGEM DE EUCALIPTO [c]
15 HASTES DE PERPÉTUA BRANCA [d]

(a)
(d)
(b)
(c)

19. TIA CAROLA

Componha os espaços com os eucaliptos.

Coloque água no vaso até pouco mais da metade. Distribua a folhagem de jasmim em forma de "x". Deixe os delfínios um pouco mais altos do que a folhagem e insira-os no centro do arranjo.

E, por último, insira as perpétuas.

20.

DO TOURO

• • •

2 MAÇOS (20 HASTES) DE DELFÍNIO ESPORINHA [a]
1 MAÇO (10 HASTES) DE HORTÊNSIA AZUL [b]
1 MAÇO (6 HASTES) DE LÍRIO-AMARELO [c]

(b)
(a)
(c)

20. DO TOURO

Limpe as hastes dos delfínios e coloque-os no vaso, com água até um pouco mais que a metade. Em seguida, faça o mesmo com as hortênsias. Uma dica: caso elas estejam um pouco murchas, basta deixar o maço de ponta cabeça na água por alguns minutos que elas voltarão a ficar lindas.

Já com os lírios, além das hastes, limpe também as anteras (aquele pó marrom presente na ponta dos filamentos no centro da flor), porque, além de mancharem as flores, podem manchar também a mesa, os tecidos, etc.

21.

VIVA O IMPERADOR

• • •

1 MAÇO (6 HASTES) DE FOLHAGEM DE DRACENA MARROM-ESCURA [a]
3 BASTÕES-DO-IMPERADOR ROSA [b]
9 HASTES DE CELÓSIA VINHO [c]
18 HASTES DE HELICÔNIA-BIQUINHO [d]

(b)
(a)
(c)
(d)

21. VIVA O IMPERADOR

No fundo do balde, coloque a espuma floral já umedecida. Em seguida, disponha as folhas de dracena de forma que a central esteja um pouco mais alta que as demais, distribuídas ao redor do vaso.

Posicione os bastões-do-imperador e, então, as helicônias-biquinho.

As celósias devem preencher os espaços que ficaram entre os bastões-do-imperador e as helicônias e, assim, compor e dar luz ao arranjo.

22.

OÁSIS MARROQUINO

• • •

1 HASTE DE CRISÂNTEMO-IMPERIAL LILÁS

22. OÁSIS MARROQUINO

Esta ideia funciona muito bem como enfeite de centro de mesa ou mesmo como lavanda para lavar as mãos.

Em uma louça bem especial, posicione um *bowl* que mantenha a harmonia da composição, e encha-o de água até a metade. Corte a haste da flor e coloque-a no *bowl* para boiar.

23.

CAÇA DAS FLORES

• • •

4 HASTES DE CRISÂNTEMO LILÁS [a]
4 MAÇOS (16 HASTES) DE TULBAGHIA LILÁS E BRANCA, 2 MAÇOS DE CADA COR [b]
4 HASTES DE FOLHAGEM DE VASSOURINHA [c]

(a)
(c)
(b)

23. CAÇA DAS FLORES

Coloque água até a metade da caneca.

Divida a boca em quatro partes iguais com uma fita adesiva transparente. Distribua os crisântemos, um em cada parte da caneca.

Faça o mesmo com as tulbaghias.

Para finalizar, insira uma haste de vassourinha em cada uma das quatro partes. A vassourinha deve ser um pouco mais alta que as flores, para dar leveza ao arranjo.

24.

SE BEBER...

• • •

5 PENAS VERMELHAS [a]
10 HASTES DE GLORIOSA [b]
1 HASTE DE ORQUÍDEA-VANDA ROXA [c]
3 HASTES DE ORQUÍDEA CYMBIDIUM VERDE [d]
5 HASTES DE ASPARGO-PLUMA [e]

(b)
(e)
(a)
(c)
(d)

24. SE BEBER...

Escolha duas garrafas que tenham *design* interessantes. Coloque água até quase a boca. Neste caso, a composição das duas garrafas é importante; portanto, monte uma ao lado da outra. Insira as penas na garrafa vermelha e a haste de orquídea--vanda na garrafa marrom.

Para dar harmonia ao arranjo, colocamos as gloriosas em ambas as garrafas. Repare que as flores estão em alturas diferentes.

Finalize a garrafa marrom com a orquídea-cymbidium verde e as hastes de aspargo--pluma.

海童
HAMADA SYUZOU
JAPANESE
TRADITIONAL
SHOCHU "KAIDO"
本醸造
黄桜
辛口

25.

DISPOSTA

• • •

9 HASTES DE AMARANTO VERDE [a]
5 HASTES DE DÁLIA AMARELO-QUEIMADA [b]
5 HASTES DE DÁLIA VINHO [c]

(b)
(c)
(a)

25. DISPOSTA

Limpe as hastes das dálias e dos amarantos e coloque água até um pouco menos que a metade dos vasos.

Ajeite os vasos de forma que o maior fique atrás e o mediano e o pequeno na frente. Dessa forma, cria-se uma composição usando a altura dos próprios vasos, que consequentemente estabelecerão a altura das flores.

Coloque os amarantos no vaso maior, de modo que suas flores cheguem a encostar na mesa.

Em seguida, coloque as dálias amarelas no vaso menor e as vinho no vaso intermediário.

26.

AÇÚCAR FLORIDO

• • •

3 HASTES DE DÁLIA BRANCA [a]
9 BOCAS-DE-LEÃO BRANCAS DOBRADAS [b]
4 HASTES DE FOLHAGEM DE EUCALIPTO [c]

(c)
(b)
(a)

26. AÇÚCAR FLORIDO

Coloque água no açucareiro até a metade. Como o recipiente é baixo, a maneira mais fácil de organizar o arranjo é arrumá-lo em forma de buquê. Comece pelas dálias: meça a altura do vaso e corte as hastes. Em seguida, faça o mesmo com as bocas-de-leão, que devem ficar ligeiramente mais altas.

Depois, acrescente a folhagem de eucalipto.

O buquê pode ser preso com elástico ou arame, mas finalize-o com fita floral.

27.

MADAME PERPÉTUA

...

1 MAÇO (35 HASTES) DE PERPÉTUA ROXA [a]
1 MAÇO (35 HASTES) DE PERPÉTUA ROSA [b]

(b)
(a)

27. MADAME PERPÉTUA

Coloque água em dois recipientes até a metade – para este arranjo, escolhi duas leiteiras. Corte as hastes das perpétuas e ajeite-as em grupos.

Quanto mais desarrumadas as flores, melhor!

28.

DONA GUIOMAR

• • •

3 HASTES DE HORTÊNSIA VERDE-ENVELHECIDO (a)
9 HASTES DE LÍRIO ROSA (b)
2 MAÇOS (16 HASTES) DE DÁLIA COR-DE-ROSA (c)

(c)
(b)
(a)

28. DONA GUIOMAR

Coloque água até a metade da taça. Se preferir, divida a boca da taça em quatro partes com fita adesiva, facilitando, assim, a montagem do arranjo. Comece pelas hortênsias, que serão a base da composição.

Em seguida, distribua os lírios, que devem ser mais altos que as hortênsias. Não se esqueça de limpar as anteras das flores previamente.

Por último, coloque as dálias na mesma altura que os lírios de forma que elas preencham os espaços entre eles.

29.

SOPA VAN GOGH

• • •

3 HASTES DE PRÓTEA [a]
9 HASTES DE GIRASSOL [b]
1 MAÇO DE BLUE STAR [c]

(a)
(b)
(c)

29. SOPA VAN GOGH

Coloque a espuma floral na sopeira. Posicione as próteas de forma que fiquem separadas entre si como um triângulo.

Corte as hastes dos girassóis em alturas ligeiramente diferentes (contanto que não fiquem mais altos que as próteas) e distribua-os voltados para a frente do arranjo.

Por último, apare as hastes de blue star um pouco mais altas do que as próteas e coloque-as entre outros girassóis. Por terem caule leitoso, é preciso queimar um pouco as hastes depois de cortadas para estancar a seiva.

30.

FLORA ENCANTADA

• • •

3 HASTES DE DRACENA-PLEOMELE [a]
5 HASTES DE ALPÍNIA [b]
2 BROMÉLIAS (DE SUA PREFERÊNCIA) [c]
2 HASTES DE CELÓSIA AMARELA [d]

(a)
(c)
(d)
(b)

30. FLORA ENCANTADA

Posicione a espuma floral no fundo do vaso e coloque as dracenas, todas direcionadas para fora do vaso.

Insira uma alpínia no centro do arranjo, mais alto que a folhagem, depois distribua três delas entre cada haste de dracena, sendo que estas devem estar na mesma altura. A que sobra serve para um dos lados do arranjo.

Coloque as bromélias, que ficarão cerca de um palmo mais altas que as demais flores.

Finalize colocando as celósias entre as alpínias, mais baixas do que estas.

31.

SAMOVAR DE BEAUVOIR

• • •

3 HASTES DE DRACENA-PLEOMELE VERDE [a]
1 HASTE DE ORQUÍDEA-VANDA PINK [b]
1 HASTE DE MAMONA VERMELHA [c]
12 HASTES DE MARIANINHA AZUL [d]

(c)
(a)
(d)
(b)

31. SAMOVAR DE BEAUVOIR

Adicione água até um pouco mais da metade do samovar (você pode usar um bule, se preferir). Coloque a orquídea em um tubete com água e, depois, coloque o tubete dentro do recipiente.

Em seguida, posicione as dracenas na mesma altura das flores.

As marianinhas devem ser distribuídas entre as folhagens.

Finalize com a haste de mamona, que atenua o contraste de cores do arranjo.

32.

"BULE" MARX

• • •

5 HASTES DE HELICÔNIA AMARELA [a]
3 HASTES DE JIBOIA [b]
11 HASTES DE FOLHAGEM DE COMIGO-NINGUÉM-PODE [c]
1 HASTE DE DRACENA-PLEOMELE [d]

(b)
(d)
(c)
(a)

32. "BULE" MARX

Com água até mais que a metade do bule, coloque as helicônias bem separadas entre si. Insira as folhas de jiboia e de comigo-ninguém-pode de forma que preencham a boca do bule.

O toque final fica por conta da dracena, que cria o contraste de tons nas folhagens.

33.

ARDÊNCIA EM FLOR

• • •

11 HASTES DE PIMENTA VERMELHA

33. ARDÊNCIA EM FLOR

Coloque água até um pouco mais da metade do vaso. Disponha as hastes das pimentas em "x".

Vá acrescentando as hastes até que a boca do vaso esteja preenchida.

34.

PLUMAS DE ASPARGOS

• • •

18 HASTES DE ASPARGOS-PLUMA [a]
2 HASTES DE SEMENTES DE LIGUSTRO [b]

(b)
(a)

34. PLUMAS DE ASPARGOS

Este é um bom exemplo de como pode ser lindo um arranjo composto apenas por folhagens e sementes. Coloque água no vaso e insira as hastes de aspargo-pluma.

Para finalizar, coloque as hastes de sementes de ligustro.

35.

QUARESMEIRA IN THE BOX

• • •

7 HASTES DE FOLHAGEM DE QUARESMEIRA [a]
6 HASTES DE ORQUÍDEAS-DENPHALE LILÁS [b]

(b)
(a)

35. QUARESMEIRA IN THE BOX

Com água até a metade no vaso, coloque as folhagens de quaresmeira.

Utilize a técnica do tubete para "prolongar" as hastes das orquídeas e coloque-as no centro do arranjo.

36.

PIMENTA BELEZA

• • •

2 MAÇOS (10 HASTES) DE CRÓTON [a]
3 HASTES DE FLOR DE GENGIBRE [b]
3 HASTES DE CELÓSIA AMARELA [c]
1 MAÇO (10 HASTES) DE PIMENTA AMARELA [d]

(c)
(d)
(b)
(a)

36. PIMENTA BELEZA

Coloque a espuma floral no vaso e distribua os crótons por todo o recipiente. Uma haste para cada lado e uma haste central mais comprida. É esta folhagem que define o diâmetro e a altura do arranjo.

Em seguida, coloque as flores de gengibre, distribuindo-as igualmente pelo vaso.

As celósias, cujas hastes precisam ser previamente limpas, devem ser colocadas intercaladamente. Insira, por último, as pimentas.

37.

INHOTIM PARA MIM

• • •

1 HASTE DE ZINGIBER VERDE [a]

1 HASTE DE ORQUÍDEA CYMBIDIUM VERDE [b]

(a)
(b)

37. INHOTIM PARA MIM

Arranjos em recipiente de boca estreita são simples de se compor, pois, além de não caberem muitas flores, é fácil ajeitá-las na posição desejada.

Coloque água até a metade do vidro.

Limpe as hastes das flores. Corte os caules de modo que eles encostem na boca do vidro. Insira o zingiber primeiro, por ser mais grosso o seu caule.

Formando um "x" com as hastes, coloque a orquídea cymbidium verde.

38.

SERPENTE

• • •

5 MAÇOS DE LIRÍOPE (TAMBÉM CONHECIDO COMO BARBA-DE-SERPENTE)

38. SERPENTE

Em um *bowl* de cerâmica, coloque uma base de ferro *kenzan*, típica da *ikebana*.

Coloque água até cobrir a base. Depois, separe as flores das folhas em cinco maços iguais. Prenda-os com elástico ou com arame e passe a fita floral para dar o acabamento.

Espete os maços na base de forma que haja um maço central e quatro ao redor, preenchendo o diâmetro do recipiente.

39.

SEDE?

• • •

10 HASTES DE MELINDRE JAPONÊS [a]
15 HASTES DE AVENCA [b]
2 HASTES DE URUCUM VERDE [c]
6 HASTES DE GREEN BALL [d]

(a)
(b)
(c)
(d)

39. SEDE?

Escolha uma jarra com boca pequena e encha de água até a metade. Limpe os caules de todas as flores e folhagens. Acrescente as hastes de melindre japonês. Elas servirão como uma espécie de suporte para as outras folhagens.

Coloque todas as hastes de avenca de uma única vez, em um dos cantos da jarra. Importante checar se todas estão em contato com a água. No espaço que restar, ou seja, do outro lado, coloque as hastes de urucum verde e, ao redor delas, as de green ball.

40.

URTIGAS TIGRADAS

• • •

5 HASTES DE URTIGA [a]
4 HASTES DE DRACENA PLEOMELE VERDE [b]
3 HASTES DE GENGIBRE [c]
4 BROMÉLIAS AMARELAS [d]

(a)
(b)
(c)
(d)

40. URTIGAS TIGRADAS

Com água até pouco mais da metade do vaso, coloque as hastes de urtiga. Elas são todas disformes, mas é justamente aí que está a sua beleza.

Insira as hastes de dracena. São elas que darão a altura do arranjo.

Coloque as hastes de gengibre entre as dracenas.

Finalize com as bromélias.

agradecimentos

• • •

Pequenos arranjos do cotidiano é a síntese do prazer de conviver com as flores. Elas deixam a vida mais colorida, perfumada e feliz, mesmo na correria do dia a dia — que é quando temos que fazer tantos outros tipos de arranjos para que tudo siga em frente.

Começo agradecendo a todos os fornecedores de flores, que acordam (se é que dormem) quase todos os dias nos abastecendo dessas iguarias que nos alimentam os olhos e a alma.

Obrigada Dennis Soares por me conduzir aos meus trabalhos e cuidar com tanto carinho de tudo que produzo.

Agradeço a todos os doadores e voluntários, ao Toninho da Rizzo embalagens, às doutoras Luciana Arruda e Carlene Silva, da Azpi propriedade intelectual, à Fernanda Suplicy e ao Sérgio Marone, à Priscilla Adduca e, em especial, à Cecilia Maia, meus braços direito e esquerdo no dia a dia do Instituto Flor Gentil. Meu muito obrigada, de coração. Vocês fazem o Flor Gentil existir e a vida reluzir!

À D. Filipa, pela locação de materiais para festas e eventos, que, com seus vasos e objetos maravilhosos, fez com que este livro ficasse ainda mais completo.

Ao Mil Plantas flores e plantas, em especial à Regina.

Ao Ciro Girard, pelas minhas logomarcas, tantas histórias e boas risadas.

Há pessoas que inspiram a gente, outras que nos divertem; há também pessoas que admiramos, que amamos. E todas essas pessoas, em uma só, é Rita Lobo.

Obrigada mãe e pai, por sem querer terem me dado a oportunidade de crescer em uma fazenda e, assim, despertado em mim o imenso amor que sinto pela natureza... e por vocês, sempre!

À Gabriela Bernd e ao Christian Gaul, com seus respectivos assistentes Charly Ho e Rodrigo Niemeyer; as fotos do livro já dizem tudo sobre o trabalho de vocês! Mariana Bernd, o que seria de mim sem minha *designer* gráfica predileta e suas mimosas?

Joaquim. meu filho, você é minha inspiração de vida.

Moa, foi com pequenos e grandes arranjos no meu cotidiano que você me conquistou. Obrigada por estar sempre ao meu lado.

Maísa, Márcia, Andreza e a toda equipe da Editora Senac São Paulo, meu muito obrigada por todo o carinho e profissionalismo com o qual vocês conduziram todo o processo de confeccção deste livro.

índice de arranjos

• • •

Helena Lunardelli estudou arquitetura e paisagismo e trabalhou com moda, até que decidiu juntar suas paixões – flores, *design*, decoração e moda. Atualmente, é uma das floristas mais reconhecidas no ramo. Assina a direção de arte do programa *Cozinha Prática*, é responsável por decoração de festas, eventos, cenografia de desfiles e campanhas publicitárias e lançou o livro *Cidade das flores* em 2010. É a idealizadora do Instituto Flor Gentil, projeto que surgiu em 2010, no qual reaproveita flores de festas e eventos e elabora arranjos que são entregues a idosos de casas de repouso e a pessoas carentes.

Este livro foi composto com a fonte Verlag, impresso em papel couché fosco 150 g/m² no miolo e capa dura, nas oficinas da gráfica Vida & Consciência. Reimpresso em março de 2015.